从汉字到大语文

主编：陈瑞

第一册

文化发展出版社
Cultural Development Press

中国·北京

图书在版编目（CIP）数据

从汉字到大语文 / 陈瑞主编 . -- 北京 : 文化发展出版社 , 2021.11

ISBN 978-7-5142-3578-4

Ⅰ . ①从… Ⅱ . ①陈… Ⅲ . ①小学语文课 - 教学参考资料 Ⅳ . ① G624.203

中国版本图书馆 CIP 数据核字 (2021) 第 189606 号

CONG HANZI DAO DA YUWEN

从汉字到大语文

主　　编：陈　瑞

责任编辑：尚　蕾

出版发行：文化发展出版社（北京市翠微路 2 号　邮编：100036）

网　　址：www.wenhuafazhan.com

经　　销：各地新华书店

印　　刷：天津市新科印刷有限公司

开　　本：710mm × 1000mm 16 开

字　　数：505 千字

印　　张：50.75

版　　次：2021 年 11 第 1 版

印　　次：2021 年 11 月第 1 次印刷

定　　价：198.00 元（全 8 册）

I S B N：978-7-5142-3578-4

给小朋友的话

亲爱的小朋友，非常高兴能够通过《从汉字到大语文》这套书认识你们。

你们知道什么是汉字吗?

汉字,又叫中国字、方块字,它是世界上最古老的文字之一。其实，关于汉字，有两种流行的说法：一种说法认为，汉字指的是从公元前1300年商朝开始的甲骨文、金文，到秦朝的小篆，发展到汉朝的隶书，最后到唐朝的楷书所包含的所有这些文字;另一种说法认为，汉字指的是我们现在说的手写标准字体——正楷这种文字。一句话，汉字就是我们中华民族使用的文字，是使用时间最长、传承有序、使用至今的文字，是中华灿烂文明的瑰宝之一。

小朋友了解和熟悉语文，那么，你们知道大语文吗?

大语文这个概念最早是由张孝纯爷爷提出来的。他主张语文要以课堂为中心，把教书和育人有机地结合起来，把传授语文知识和发展智力素质有机地结合起来，把读、写、听、说、知识拓展五方面的训练有机地结合起来,使小朋友接受全面的、整体的、强有力的能力培养和训练。

大语文，不仅仅要求小朋友学习语文知识，而且还要学习相关的历史知识、地理知识、天文知识，更重要的是把这些知

识运用在对能力的培养上。

小朋友，你们了解了汉字和大语文的相关知识后，再翻阅《从汉字到大语文》这套书，就容易多了。

《从汉字到大语文》这套书以《义务教育语文课程标准》为编写依据，收录了课程标准中《识字、写字教学基本字表》中的前150个汉字。这套书通过对一个个汉字的字形、字音、字义、例词等内容的详细分析和解读，做到以点带面，用博士喵大哥哥的幽默形象，设置了“敲黑板”“画重点”“汉字乐园”“汉字画”等十多个小栏目，把小朋友需要掌握的字、词、成语、歇后语、惯用语、古诗词、名言佳句、词语故事，以及与之相关的历史、哲学、天文、地理等方面的知识进行系统地梳理和归纳。通过一个个妙趣横生的故事，旁征博引的知识归纳和轻松幽默的语言风格，帮助小朋友了解和掌握汉字的相关知识，培养小朋友的逻辑思维能力，拓宽小朋友的人生视野，让小朋友成为一名有能力、有修养的人。

说了那么多，小朋友是不是已经等不及了，那就快快打开这套书阅读吧！

爱你们的博士喵

2021年10月8日

目 录

一
左右分开就是八

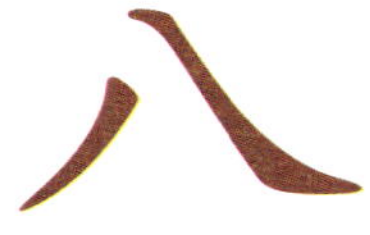

基本汉字中的第 1 个字

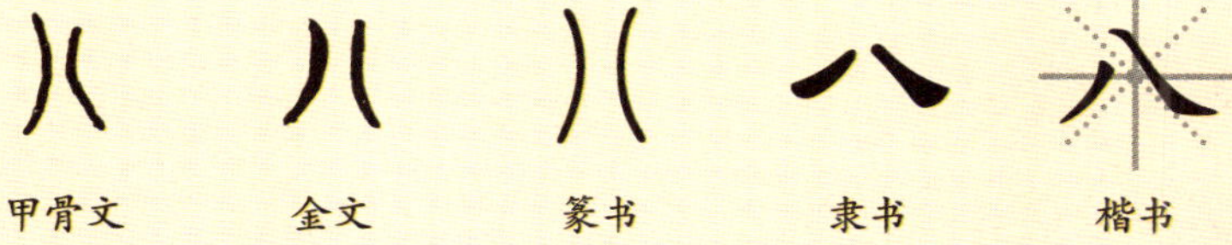

唐代诗人李白的乐（yuè）府诗《长干行》，其中“八月蝴蝶来，双飞西园草”一句，形象生动地描写了江苏南京长干（gān）这个地方八月的自然景观：翩翩飞舞的蝴蝶，成双成对地飞到了西园的草地上。其中的八是一个象形字，读作bā。甲骨文)(由一丿和一㇏组成，形状像一个物体分开的样子。本义是把一个物体分开。

博士喵 敲黑板

汉字：又叫中国字，是世界上最古老的文字之一。
文字：文字是记录语言的书写符号系统，是最重要的辅助性交际工具。
基本汉字：《义务教育语文课程标准》中规定的第一学段教科书中会认、会写、会用的300个汉字。
本义：最初的意义或比较早的意义。

八被借用为数词使用，表示七加一的和，如八个苹果、八位同学、“八仙过海——各显神通”。

“功盖三分国，名成八阵图”是唐代诗人杜甫五言律诗《八阵图》中的诗句，意思是说，诸葛亮的功劳很大，帮助刘备建立了蜀汉政权，形成了魏蜀吴三国鼎立、同分天下的局面。其中他创制的八阵图起到了重要的作用。“八阵图”中的“八”当数词八讲。

八也可以表示序数第八。“八月湖水平，涵虚混太清”（唐·孟浩然《临洞庭赠张丞相》），形象生动地描绘了八百里洞庭的阔大景象与雄伟壮观的景色；“八月长江万里晴，千帆一道带风轻”（唐·崔季卿《晴江秋望》）意思是说，诗人初秋站在长江岸边向远处眺（tiào）望，看到一望无际的长江上千帆竞流，不由得诗兴大发，抒发了对祖国河山的赞美之情。以上诗句中的“八月”都是表示第八个月的意思。

浪淘沙（其七）

［唐］刘禹锡

八月涛声吼地来，头高数丈触山回。
须臾却入海门去，卷（juǎn）起沙堆似雪堆。

【作者】刘禹锡（772—842），字梦得，洛阳人，唐代中晚期著名诗人。刘禹锡的诗歌和文章写得都非常好，题材广泛，与柳宗元并称“刘柳”，与韦应物、白居易合称“三杰”。他的诗歌内容比较丰富，诗风多变，以豪迈为主要特色。著有《陋室铭》《竹枝词》《乌衣巷》等名篇。

【译文】八月钱塘潮的涛声就像万马奔腾惊天吼地而来，数丈高的浪头冲撞岸边的山石后又被撞了回去。浪头顷刻之间便退向江海汇合处，随后回归大海，它所卷起的沙堆在阳光的照耀下就像洁白的雪堆一样。

博士喵
赏古诗

八用来泛指多，如五花八门、八竿子打不着。“三十功名尘与土，八千里路云和月”（宋·岳飞《满江红·写怀》）中的“八千里路”并不是说诗人真的走了八千里路，而是说他为了保家卫国、到处征战，走了好多地方。

"八方"指的是什么？

八方是一个名词，读作 bā fāng，指的是东、西、南、北、东南、东北、西南、西北，后来泛指周围各地。我们可以说"眼观六路，耳听八方"。

把○中的字补充完整。

八方→方○→面对→○错→错误→

误会→○见→见解→解○→放心→

○情→情节→○约→约会→○议→

议论→○述→○说→说明

答案：面、对、会、放、心、节、会、论、述

一对鸳鸯并头飞，一只瘦来一只肥。
每月之中来三次，临到中秋多一回。

谜底：八

成语园

八

qī shàng bā xià
七上八下
形容无所适从或心神不定。

qī shǒu bā jiǎo
七手八脚
形容很多人一起动手的样子。

qī líng bā luò
七零八落
形容零散纷乱的样子。

héng qī shù bā
横七竖八
有的横着，有的竖着。形容纵横交错，极不整齐。

luàn qī bā zāo
乱七八糟
形容非常杂乱，一点条理和秩序都没有。

sì miàn bā fāng
四面八方
泛指各处或各个方面。

wǔ huā bā mén
五花八门
比喻花样繁多或变化多端。

líng qī bā suì
零七八碎
零散的，琐碎的。

wū qī bā zāo
乌七八糟
形容非常杂乱，一点条理和秩序都没有。

hú shuō bā dào
胡说八道
毫无根据地乱说。

sì tōng bā dá
四通八达
四面八方都有道路可通。形容交通畅通无阻。

qī zuǐ bā shé
七嘴八舌
形容人多嘴杂，议论纷纷。

巴老爷和芭蕉树

巴老爷有八十八棵芭蕉树，

来了八十八个把式

要在巴老爷八十八棵芭蕉树下住。

巴老爷拔了八十八棵芭蕉树，

不让八十八个把式

在八十八棵芭蕉树下住。

八十八个把式烧了八十八棵芭蕉树，

巴老爷在八十八棵芭蕉树下哭。

训练目的：声母 b；韵母 u

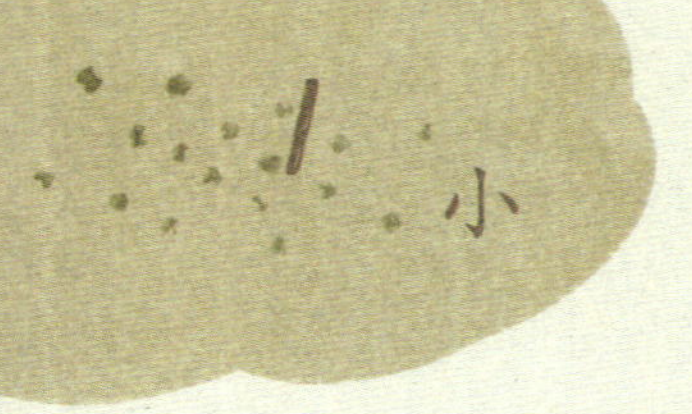

小

小读作 xiǎo，甲骨文字形小的中间是一个细长的物体（ ），两边是一个八，意思是用一根细棍把一个物体从中间一分为二。分开后的这个物体，就比原来的物体变小了。一些带“小”的字与细微、不大有关系：尖是物体的末端细小，尜（gá）是一种两头小中间大的玩具。

尖

分

分读作 fēn，甲骨文外面是一个八（ ），中间是一把刀（ ）的形状，意思是用一把刀把一个物体从中间分开。

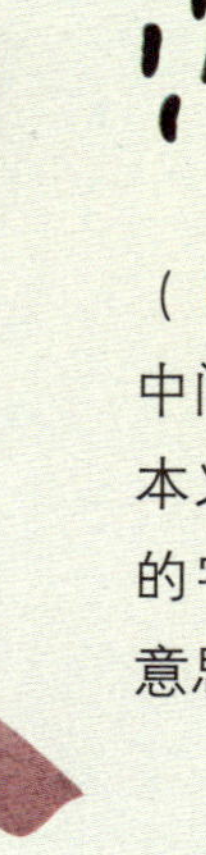

少

少读作 shǎo，甲骨文的形体用四个小点（ ）来表示不多的意思。不多的意思就是少，中间的两个小点像八（ ），表示分开的意思。本义是细小沙粒，后来指数量少。一些带“少”的字与数量少有关：纱由糸（mì）和少组成，意思是既轻薄又细小的丝绸。

公

公读作 gōng，平分的意思。也有人认为，甲骨文的形体上面是八，下面是一块田地，意思是把一块田地平均分配给不同的人。

曾

曾读作 zēng，甲骨文的形体上面像一个倒八（ ），下面像一块田地（ ）。有人认为，曾的意思是用刀（ ）把田地（ ）一块一块分开。也有人认为，曾的金文 ，下面像一个蒸锅（ ），中间像一个蒸屉（ ），上面的八（ ）像不断上升的蒸汽，意思是蒸煮食物的一种锅。

贫 你会玩吗？

答案：“贫”就是用一把刀（ ）把贝（ ，表示钱财）从中间分开（ ），这样一个人就变得不富裕了，不富裕就表示这个人贫穷。

博士喵讲故事

“八仙过海——各显神通”是一句歇后语。这里的“八仙”指的是民间传说中的汉钟离、张果老、铁拐李、韩湘子、曹国舅、吕洞宾、蓝采和、何仙姑。他们个个身怀绝技，法力无边，在人间惩恶扬善，为老百姓做了不少好事。

有一年，王母娘娘邀请八仙参加蟠桃会。他们来到东海，只见海面上波涛汹涌，一望无际，看不到对岸。吕洞宾提议，每个仙人拿出自己的看家本领，渡过东海。刹那间，只见铁拐李把拐杖抛到海中，汉钟离抛出芭蕉扇，何仙姑脚踩荷花瓣，铁拐李乘上酒葫芦，曹国舅坐在海龟背，张果老倒骑毛驴上……不一会就渡过了东海。

后来，人们用“八仙过海，各显神通”比喻各自施展本领，或指每个人自有一套办法。

二

手握大蛇就是把

bǎ/bà

基本汉字中的第 2 个字

篆书　　隶书　　楷书

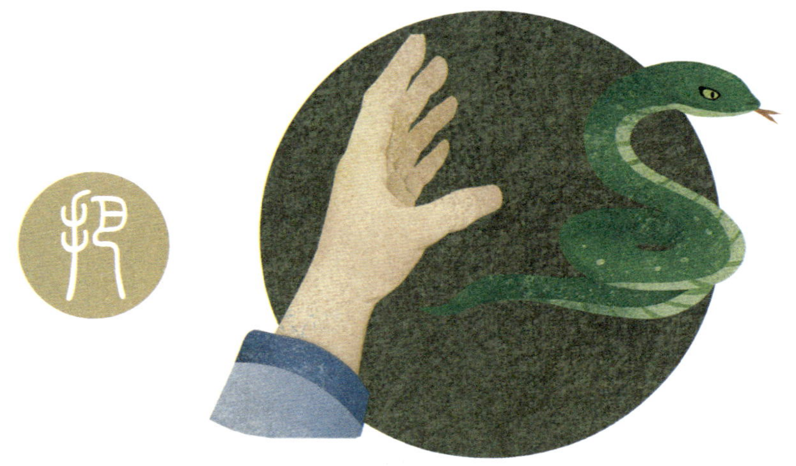

把是一个形声字，读作bǎ。用“扌”表示“把”是手部的动作，用“巴”表示“把”的读音bǎ。“巴”最初的意思是蛇，一看到把的篆体，就像看到人的一只手（ ）握着一条蛇（ ）的样子。把的本义是持有、掌握。词语“把持、把控、把握、把守”中用的就是这个意思。“荣华难把玩，俄顷皆变坏”（宋·陆游《秋夕大风松声甚壮戏作短歌》），“把玩”当拿在手中赏玩讲。“把酒对湘浦，独吊大夫醒”〔宋·马廷鸾（luán）《水调歌头》〕，“把剑樽（zūn）前砍地歌，有何留恋此蹉跎（cuō tuó）”（宋·戴复古《京口别石龟翁际可》），“把酒”“把剑”不论把的是酒还是剑，其中“把”的意思是一样的，都当拿、握讲。

宋代文学家苏轼写了《饮湖上初晴后雨》，其中有“欲把西湖比西子，淡妆浓抹总相宜”一联，在这一联诗中，诗人把西湖比作西子，描绘了西湖美丽的风景。这里的“把”当介词用。

把可以引申指一只手所能握住的量，如一把米、一把刀。也可以指手的一次动作，如我一把抓住他、小明推了她一把。

把也可以引申指物体上的手柄，也就是便于手握、拿的部分，读作bà，如门把儿、刀把儿。

“把关”指的是什么？

把关是一个动词，读作bǎ guān，意思是把守关口。关口就是人来人往必须经过的地方。山海关、潼关、嘉峪关、居庸关、友谊关、雁门关、紫荆关、剑门关、娘子关、武胜关是中国最有名的十大关口。

元 日

［宋］王安石

爆竹声中一岁除，春风送暖入屠苏。

千门万户曈曈日，总把新桃换旧符。

【作者】王安石，字介甫，北宋杰出的政治家、思想家、文学家，“唐宋八大家”之一。他曾两任宰相，积极实行变法，变法失败后，隐居金陵（今江苏南京）。他在诗、散文方面成就很高，他的诗长于说理，善用典故，风格遒劲有力。

【译文】爆竹声中，旧的一年过去了，春风送来阵阵暖意，全家人举杯共饮屠苏酒。朝阳初升，将无限暖意洒向千家万户，家家门上的旧桃符被揭下，换上了新桃符。

【鉴赏】这首诗，诗人运用白描的手法，从新年传统的民间习俗说起，渲染了春节喜气洋洋的欢乐气氛。诗歌通过细致的描写，把人们燃放鞭炮、畅饮屠苏酒、更换新桃符的场面表现得淋漓尽致，写出了初春的气息和人们对新生活的热情和向往。整首诗字里行间不仅洋溢着除旧迎新的喜庆气氛，还暗示了诗人坚信变法能够成功的乐观精神。

博士喵赏古诗

词语园

把

bǎ shou
把手 器物上供手把握的地方。

tuō bǎ
拖把
擦地板的工具。

bǎ guān
把关 把守关口。

huǒ bǎ
火把
用于夜间照明的东西。

bǎ chí
把持
控制感情。

bǎ bǐng
把柄
器物上的把。

bǎ wò
把握
抓住。

bǎ xì
把戏
杂耍。

扁担不是板凳

扁担不是板凳，

板凳不是扁担，

别把扁担说成板凳，

别把板凳说成扁担。

训练目的：声母 b；韵母 an

“把酒临风”是一个典故，与宋代著名的政治家、文学家范仲淹有关。范仲淹是北宋著名的政治家，他因为改革而触动了保守派的切身利益，最后被贬到邓州（今河南南阳邓州）。滕子京是他的好朋友，也因为用军饷犒劳士兵而被贬到了岳州（今湖南岳阳）。滕子京把岳州治理得井井有条，他重修岳阳楼后，邀请范仲淹为重修后的岳阳楼写一篇文章。

范仲淹在《岳阳楼记》中写道：“登斯楼也，则有心旷神怡，宠辱皆忘，把酒临风，其喜洋洋者矣！”对重修的岳阳楼进行了高度的赞扬。意思是说，站在岳阳楼上，端着酒杯，吹着微风，顿时所有的烦恼都会抛到脑后。由此表现出范仲淹的豁达和大度。

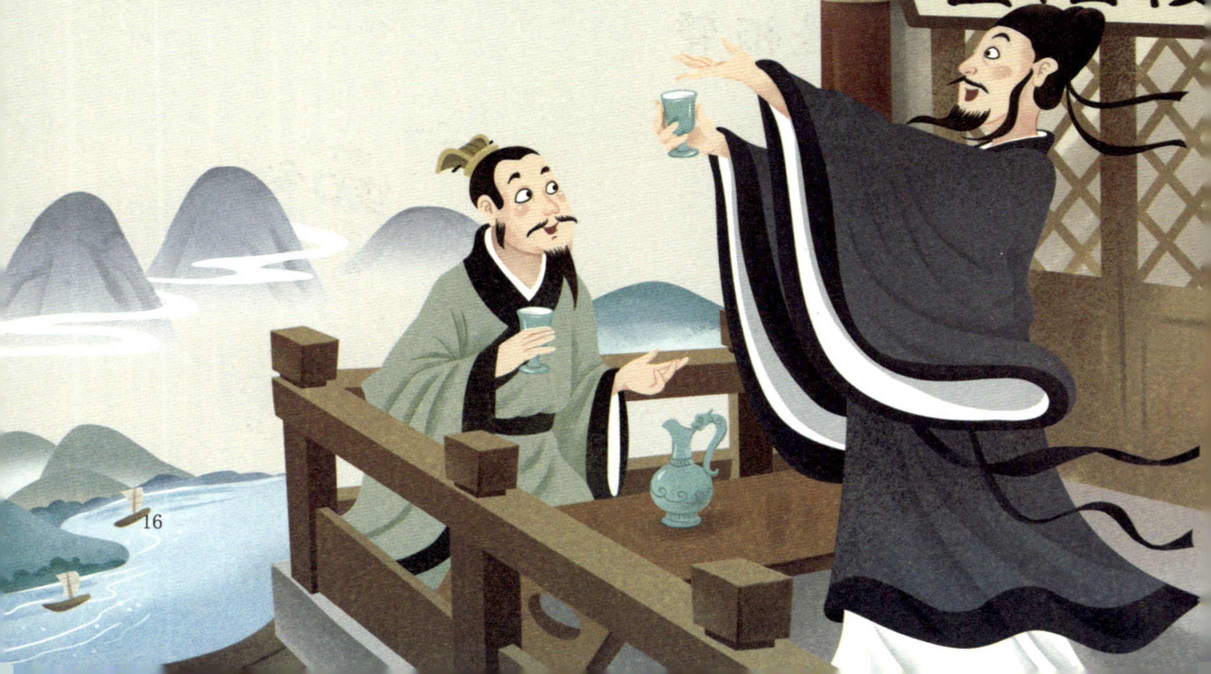

三

儿女呼喊的男性长辈

基本汉字中的第3个字

篆书　　隶书　　楷书

爸是一个形声字，读作bà。其中用“父”表示意义，用“巴”表示读音。本义是父亲，如爸爸上班去了。“爸笑妈随女扯书，一家三口乐安居”（现代·老舍《题全家福》），描绘了一家三口乐陶陶的轻松气氛。

爸也可以用来指叔父，如他是我二爸。

爸是一个口语词，既可以单独使用，如“爸，我知道啦”，也可以重叠使用，如“爸爸，我很快就回家”。

爸爸不仅是一个平凡的称呼，而且也是一个伟大的称呼。

20 世纪四五十年代的一天，一位爸爸带着年幼的女儿，乘坐轮船，准备与妻子团聚。轮船要在大海上航行七天七夜。第四天清晨，爸爸像往常一样，起床第一件事情就是给女儿削苹果。他削苹果的时候，突然轮船剧烈地晃动起来，水果刀刺进了他的胸口。女儿惊吓得哭了起来。爸爸一边安抚女儿，一边用手轻轻地拔出刀子，包扎好伤口，继续给女儿削苹果。

以后三天的时间里，爸爸像没事人一样，每天晚上哄女儿睡觉，清晨给女儿梳洗头发，削苹果，陪女儿玩耍。

轮船快要抵达岸边的时候，爸爸虚弱地告诉女儿:“见了妈妈，告诉她，爸爸永远爱她！”说完，爸爸一头倒在地上，再也没有起来。

是爱，支撑着这位受了重伤的爸爸坚持了三天，直到把女儿安全地送到妈妈身边。

四

纯洁干净的颜色

bái

基本汉字中的第 4 个字

甲骨文

金文

篆书

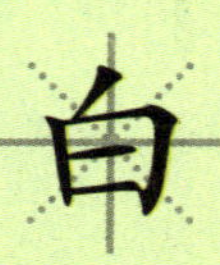

隶书

楷书

冬天一下雪，北京就变成了雪白的世界，晶莹剔透的雪花飘得到处都是。

如果让你用一个字来表示雪的颜色，那就非白莫属。白读作 bái。甲骨文、金文、小篆像一粒稻米的形状。因为稻米的颜色是白的，所以用它来表示白颜色，如白楼。

“白糖拌苦瓜——又苦又甜”是一句歇后语，用来表示人的矛盾心理。“最爱湖东行不足，绿杨阴里白沙堤”（唐·白居易《钱塘湖春行》），说的是诗人白居易在杭州任职时，最喜欢在公务之余，到西湖游玩，欣赏布满树荫的白沙堤。

咏 鹅

［唐］骆宾王

鹅，鹅，鹅，曲项向天歌。

白毛浮绿水，红掌拨清波。

博士喵赏古诗

【译文】鹅，鹅，鹅，伸着弯弯的脖子向着天空歌唱。洁白的羽毛浮动在碧绿的水面上，红红的脚掌拨动着清澈的水波。

有人说白字的形状像大拇指，指代拇指，是老大，有“伯”的意思。后来假借为表示白色，五色之一（“五色”指的是青、赤、黄、白、黑），如青红皂白。“白日依山尽，黄河入海流”（唐·王之涣《登鹳雀楼》），形象地描述了夕阳慢慢落山的壮丽景色。

“白云孤飞”是一个典故。唐代大臣狄仁杰离开故乡，到其他地方做官。当他登上巍峨的太行山，回头眺望故乡时，只见一朵白云从天空飘过，于是他悲伤地对随从说：“我的双亲就住在那片白云下面，是我把他们舍下了。”说完之后，他恭恭敬敬地望着这朵白云远去后才离开。这里用来比喻远在他乡而思念亲人。

白色显得**干净、明亮**，所以才有了“洁白”“白天”等词。“白日不做亏心事，半夜敲门不吃惊”是一句俗语，说的是只要不做坏事，人就会心安理得。

从“干净”“明亮”的意思中可以引申出清楚的，如真相大白。如果用于说明问题时，就可以说“表白”；用于戏曲、影视作品、文学创作中，可表示用说话腔调说的语句，如宾白、说白、道白、独白、对白、读白等；用于语言交际，有“白话”（在口语基础上形成的通俗的汉语书面语），如半文半白。

百棵白果树

百棵白果树上结了一百八十八个
白皮、白把、白肉、白籽、
白花、白色的白果，
百棵白果树上歇了一百八十八个
白头、白颈、白翅、白腿、白脚、
白花纹的八哥。

训练目的：声母 b

词语园

白

bái máng máng
白茫茫
形容一望无际的样子。

bái lù
白露 二十四节气之一，一般在公历9月的7、8或9日。

bái tiān
白天 从天明到天黑的一段时间。

bái rén
白人
白种人。

bái jìng
白净 白而洁净。

bái fèi
白费
徒然地耗费。

bái sè
白色 白的颜色。

jié bái
洁白
没有被其他颜色污染的白色。

cāng bái
苍白
灰白。

huī bái
灰白 浅灰色。

bān bái
斑白
须发花白。

hēi bái
黑白 黑色和白色。

míng bai
明白
知道；了解。

dú bái
独白
戏剧、电影中角色独自抒发个人情感和愿望的话。

rǔ bái
乳白
像牛奶一样的颜色。

xuě bái
雪白
像雪那样洁白。

yín bái
银白
白中略微带银光的颜色。

三国时期，魏国有个叫阮籍的人非常有学问，他经常与六个志趣相投的人聚在一片竹林下喝酒作诗，高谈阔论，人们称他们为“竹林七贤”。但是阮籍这个人非常有个性，对志同道合的人，会用黑眼珠（青眼）看他，以表示他的赞扬和喜爱；而对那些讲究繁文缛（rù）节的人，会用翻白眼来对待他，以表示他的鄙视和轻蔑。

有一年，阮籍的母亲去世了。嵇喜想，弟弟和阮籍交往密切，我也前去吊丧吧。

阮籍看到嵇喜，不由得皱起眉头说：“这个俗人怎么来了？”说完用白眼狠狠地翻了一下嵇喜。嵇喜十分难堪，气哄哄地离开了。

嵇喜的弟弟叫嵇康，“竹林七贤”之一，与阮籍一样，也是崇拜老庄的人。嵇康听到哥哥受到阮籍的白眼后，一点也不吃惊。他让仆人带着琴和酒，随他去看望阮籍。

阮籍远远地见到嵇康，笑容满面地迎了上去，叩首恭迎，说：“嵇兄，请上坐！”

白（）天过去了，夜（）幕降临了。西（）边的日（）头即（）将落下，

夜幕降临了

东（ ）边的月（ ）儿正在升起。满天的星（ ）星在不停地闪（ ）烁。

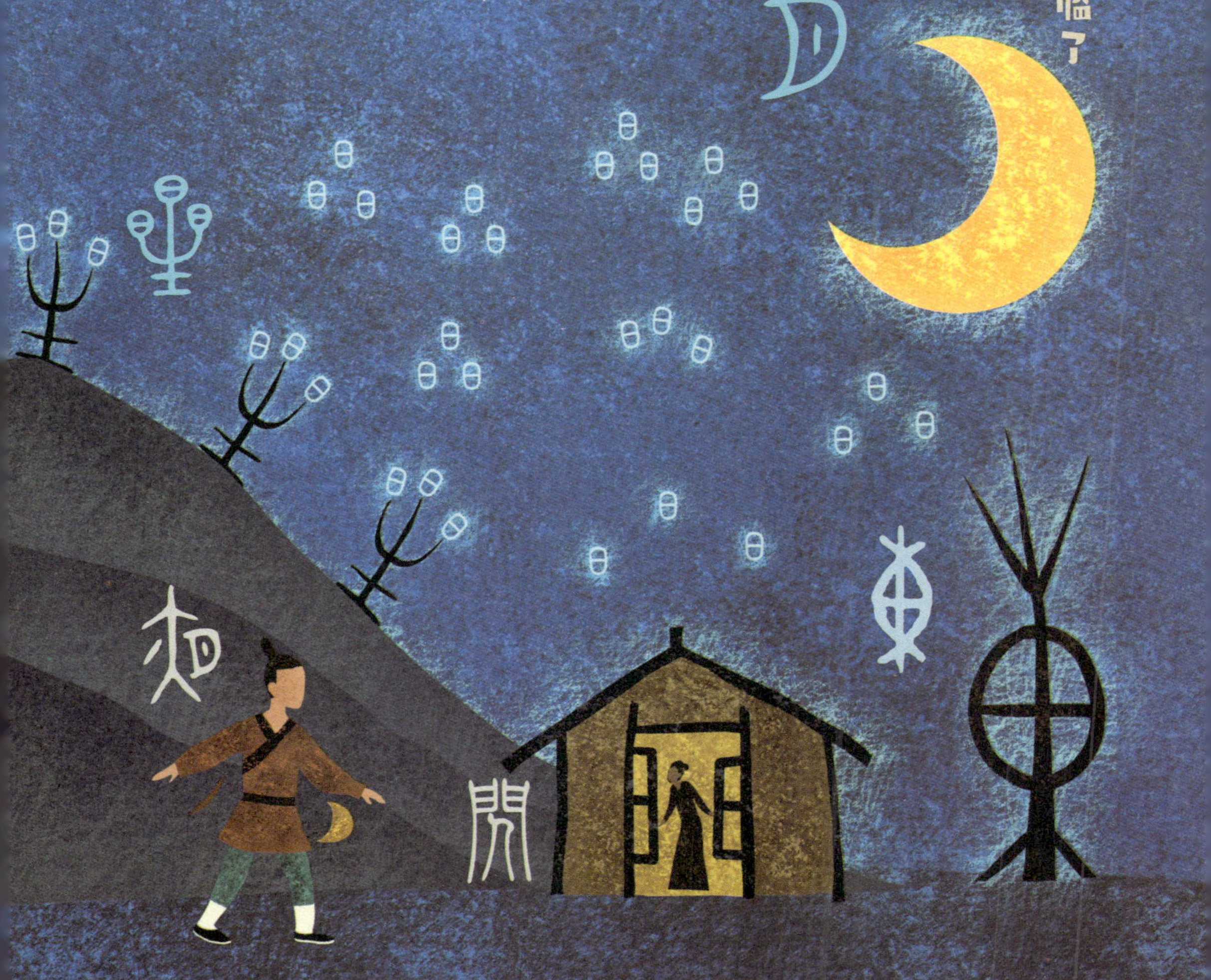

 夜  月 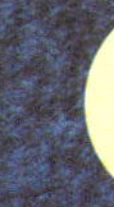  东   星  闪

五

十的十倍就是百

bǎi

百

基本汉字中的第 5 个字

“百花盛开”中的百，读作 bǎi，是一个指事字。甲骨文在“白”字上面增加了一个指事符号一就变成了“百”字，用“白”来表示读音。百本义指黍米一百粒。后引申为数字十的十倍，如一百分。

百除了实指一百外，也可以用来虚指很多，如长命百岁、百里挑一、千姿百态。“百闻不如一见”是一句俗语，意思是听到一百次不如亲眼看到一次。“百川东到海，何时复西归？”（汉乐府《长歌行》），“南朝四百八十寺，多少楼台烟雨中”（唐·杜牧《江南春》），“采得百花成蜜后，为谁辛苦为谁甜？”（唐·罗隐《蜂》），以上诗句中的“百”都是虚指数量多。

夜宿山寺

［唐］李白

危楼高百尺，手可摘星辰。
不敢高声语，恐惊天上人。

【作者】李白，字太白，号青莲居士，唐代伟大的浪漫主义诗人。他的诗歌想象奇特，充满浪漫色彩，语言清新自然，被誉为“诗仙”，与杜甫合称为“李杜”。他一生仕途都不得意，多次被流放。安史之乱爆发后，因为参加永王李璘（lín）之变，被流放到夜郎，中途遇赦，不久病死于当涂（今属安徽马鞍山）。

【译文】山顶寺院的高楼真高啊，伸出手来仿佛就能摘到天上的星星。站在楼上的人不敢大声说话，担心惊动天上的仙人。

【鉴赏】前两句，诗人描写了山寺楼宇的高耸入云、峻峭挺拔：寺院的高楼有百尺那么高，人站在楼上一抬手就能摘下天上的星星。“危”是高的意思，“手可摘星辰”运用了夸张的手法，大胆新奇，突出了楼宇之高，让人产生想要攀登楼宇摘星星的冲动。后两句，诗人运用联想，峰回路转，写登上高楼的诗人不敢大声说话，担心会惊动天上的神仙。这种奇妙的心理状态进一步衬托出山寺楼宇巍峨壮观的雄姿。这首诗富有浓郁的浪漫主义色彩，语言自然朴素，堪称“平字见奇”的绝世佳作。

博士喵
赏古诗

什么是“百舌”？

百舌并不是一百条舌头，而是一种鸟。这种鸟叫乌鸫（dōng），因为它能模仿百鸟鸣叫，发出的声音婉转悠扬，所以人们叫它百舌鸟。“晓星寥落春云低，初闻百舌间关啼”（唐·刘禹锡《百舌吟》），“百舌五更啼，啼声惊绣闱（wéi）”（明·刘云琼《春闺》），“百舌五更头，园林叫不休”（清·孔尚任《赠百舌鸟》），以上诗句都表现了百舌鸟的特性——善于鸣叫。其中的“百”是虚指，表示很多。

“百忍”这个词语说的是唐朝的事情。

有一次，唐高宗去泰山封禅（shàn），路过郓（yùn）州（今属山东菏泽）时，唐高宗问左右：“郓州有什么值得宣扬的人和事吗？”地方官战战兢兢地答道：“我们郓州有个叫张公艺的人，他全家九代生活在一起。”唐高宗想：“三代人住在一起都免不了争来吵去，何况是九代人呢！”于是唐高宗来到张公艺家，和气地问：“老人家，九代人住在一起，您老是怎么做到的呢？”张公艺平静地说：“拿笔、墨、纸、砚来。”

大家都不知道他葫芦里卖的什么药。有人提醒他：“你怎么不回答皇上的话呢？”张公艺不慌不忙，拿起笔来，不停地写着“忍”字。地方官低声训斥他：“你这是干什么呀！”张公艺还是不答，一共写了一百个“忍”字才停下笔。唐高宗若有所思地说：“朕明白了，几代人住在一起，肯定会有很多矛盾，如果没有百忍的精神，根本做不到的呀！”地方官这才恍然大悟，不由得拍手道：“好一个百忍精神！”

六

用刀分玉成两半

bān

班

基本汉字中的第 6 个字

班 金文

班 篆书

班 隶书

班 楷书

小英的班级有三十个同学，小童的班级有三十五个同学。我们说小童班级的同学比小英班级的同学多五名。

这里的**班**读作 bān。本义是用刀在中间把一块玉分开，表示分割瑞玉的意思。瑞玉是古代诸侯或藩（fān）国定期拜见天子时所带的信物。把瑞玉从中间一分为二，天子和诸侯各拿一半，相见时合在一起。

由分玉可以扩大指把事物分开。唐代诗人李白《送友人》中有“挥手自兹去，萧萧班马鸣”的诗句，其中的“班马”就是指分道而行的马。

天子把瑞玉分为五个等级，分发给拥有公、侯、伯、子、男这五种爵位的人，称作“五瑞”。所以，“班”也有序列、职位等级的意思，如按部就班。“一卧沧江惊岁晚，几回青琐点朝班”（唐·杜甫《秋兴八首》其五），说的是诗人杜甫困居成都，穷困潦倒之际，回忆起当初上朝的景象：当年各位大臣位列朝班，青琐门下是多么的意气风发；而今自己却疾病缠身，困顿的生活是多么的无奈和悲凉。

有时班用于定时开行的交通工具，表示按排定的时间开始的，如班机、班车、航班；也可以用于按序号编排的学习、工作的组织，如班级、班组、学习班；有时候也用于一天的工作时间段，如上（下）班、早（晚）班。

班也可以专指木匠的祖师爷鲁班。相传鲁班是春秋战国时期鲁国的著名工匠，他善于制作精巧的器具，据说他制作的木鸢（yuān）能够在天上飞三天三夜。如果有人敢在鲁班门前卖弄使用斧子的技术，也就是说，在行家面前显示自己的本领，人们就把这一行为叫作“鲁班门前弄大斧”，简称“班门弄斧”。用来嘲讽那些不自量力的人。有时候它也可以用作自谦之词，表示自己不敢在行家面前卖弄自己的小本事。

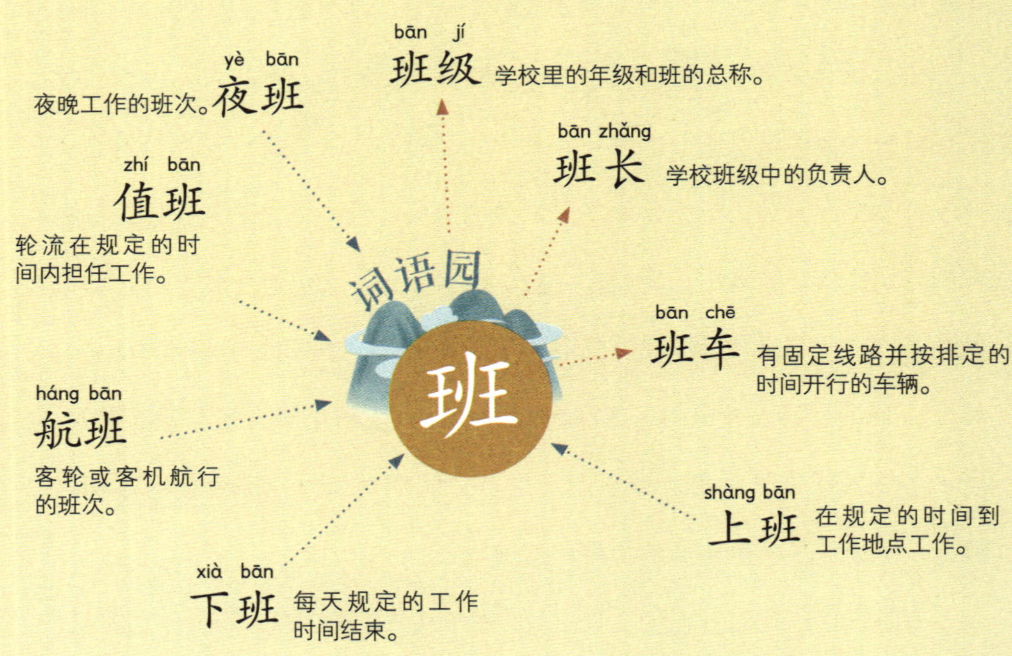

双王并排坐，中间有隔阂（hé）。
点撇来帮助，又成好同学。

谜底：班

七

处理事情花力气

bàn

办

基本汉字中的第7个字

辦 办

篆书 楷书

办读作bàn，繁体写作辦，其中用“力”表示意义，用“辡”（biàn）表示读音。后来楷书把“辡”简化成了两点（丶），只保留了表示意义的这一部分。

办有办理的意思，如公事公办、包办代替、“卿能办之者诚决”（宋·司马光《赤壁之战》）。“吾已无事可办，惟待死期耳”（清·梁启超《谭嗣同传》），表现了谭嗣同在“戊戌变法”失败后无可奈何的心情。

“家有二顷田，岁办十口粮”（宋·苏辙《次韵子瞻感旧》）是宋代文学家苏辙给儿子苏轼写的诗，意思说家里有二顷田，今年已经准备好十口人吃的粮食了（顷是我国的田地面积单位，一顷等于一百亩，二顷就是二百亩）。这里的“办”就是办理、准备的意思。

“巧办牛舌案”说的是包拯的故事。

包拯是北宋著名的清官，因为经常替老百姓办案，百姓称他为“包青天”。据说，当地一个老百姓养的牛的舌头不知道被谁割去了，这个百姓非常气愤，要求包公替他办案。包拯私下让这个百姓把牛杀了，把牛肉拿到集市上去卖。

宋朝法律规定，民间私自宰杀耕牛是犯法的，但是如果得到县老爷的许可，就可以赦免无罪。没过多久，一个地痞无赖状告这个百姓私自杀牛。包拯立即让差役把这个无赖抓起来，怒斥道：“你为什么割人家牛的舌头？”这个无赖惊慌失措，只好如实招供。

包拯采用了“引蛇出洞”之计，通过让百姓触犯法律，借此引诱割牛舌的人前来告状，由此巧办了一桩疑案。

八

中间分开的事物

bàn

半

基本汉字中的第 8 个字

半的金文由八和牛两部分组成，用“八”（八）表示分开，本义指从中间把“牛”（牛）分成两半，读作 bàn。

引申指事物的二分之一，如年过半百、事半功倍。“半空里下大雪——天花乱坠”是一句歇后语，形容人说话夸大其词，非常具有鼓动性。“半亩方塘一鉴开，天光云影共徘徊”〔宋·朱熹（xī）《观书有感》其一〕，形象地描绘了诗人周围的优美环境和自然风光。

暮江吟

［唐］白居易

一道残阳铺水中，半江瑟瑟半江红。
可怜九月初三夜，露似真珠月似弓。

【作者】白居易，字乐天，号香山居士，唐代伟大的现实主义诗人。他前期的诗作能够针砭（biān）时弊，反映民众的疾苦，现实性较强；后期诗作以自抒情怀为主。他的诗语言通俗易懂，流传甚广，有“诗王”“诗魔”之称。

【译文】一道夕阳余晖，铺映在江水中；半江是碧绿的，半江是火红的。九月初三的夜晚啊，是多么的可爱；清露像那珍珠，新月像那弯弓。

【鉴赏】前两句写夕阳斜照下绚丽的江景：夕阳西下，余晖轻柔地洒在江面上，呈现出一半碧绿色一半火红色的美丽景色。“铺”字运用得非常巧妙，形象地写出了夕阳贴着地平线照射过来，平缓柔和，给人安闲、亲切的感觉。水面颜色的变化，写出了暮江光色瞬息变化的景象。后两句写新月初升时朦胧的夜景：九月初三的夜色是多么可爱啊，露水如同晶莹的珍珠，月亮像一张精巧的弯弓。诗人通过新颖的比喻，仰望夜空的新月，俯视江边的草地，把天上与地上的景色紧密地联系在一起，直接抒情，表达了对大自然的喜悦、热爱之情。

博士喵 赏古诗

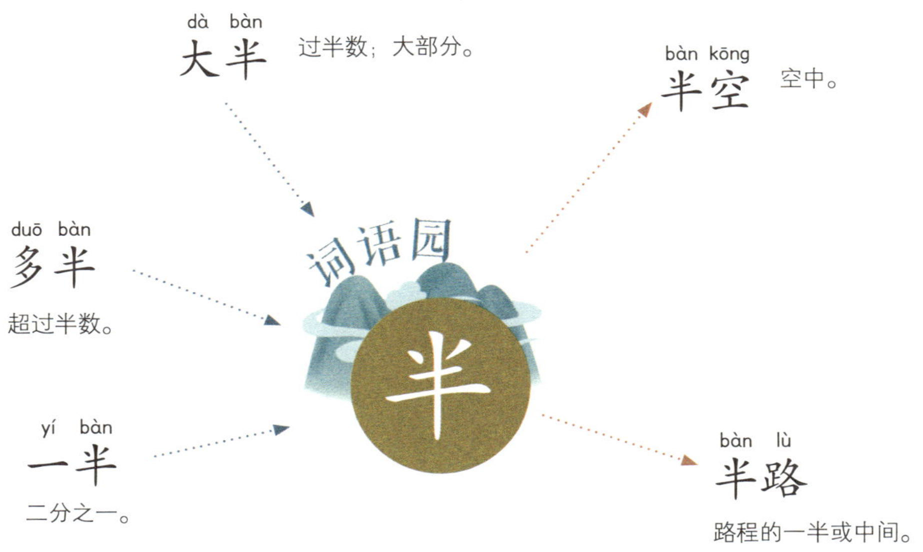

分开是要从中间开始的，所以半可以表示“在……中间”，如半路、半夜、半山腰。“半路杀出个程咬金”是一句惯用语，指在做事的途中发生了预料不到的事情。“峨眉山月半轮秋，影入平羌江水流”（唐·李白《峨眉山月歌》），“姑苏城外寒山寺，夜半钟声到客船”（唐·张继《枫桥夜泊》），“明月别枝惊鹊，清风半夜鸣蝉”（宋·辛弃疾《西江月·夜行黄沙道中》），以上诗词中的“半”都表示在……中间。

宋代诗人杨万里有“读了唐诗读半山……半山绝句当朝餐”的诗句，不是说他早上不吃饭，而是说他读了唐诗之后接着读半山的诗。因为半山的诗非常美，以致使他忘记了吃早餐。这里的“半山”指的是宋代大诗人王安石，因为他居住在金陵（今江苏省南京市）钟山的半山腰，所以他的故居被称为“半山”。“半山”也是王安石的号。“读半山”就是读宋代诗人王安石的诗，“半山绝句”指代王安石的诗。

“半面”说的是东汉应奉的故事。应奉的记忆力非常强，能够过目不忘。有一次，他到彭城（今江苏徐州）去拜访好朋友袁贺。敲了半天门，都没有人开。当他准备转身离开时，门却“吱呀”一声开了半扇，露出一个人的半张脸，这个人告诉应奉，他的主人不在家。应奉不经意间看了他一眼就走了。过了几十年，应奉在街上闲逛，迎面走来一个人，他觉得这个人好面熟，于是走到他跟前，肯定地问：“你是袁贺家的仆人吧？”这个人非常惊讶：“是呀，可我不认识您呀。”应奉自信地说：“几十年前，袁先生出远门了。我去拜访他，你给我打开过半扇门。”

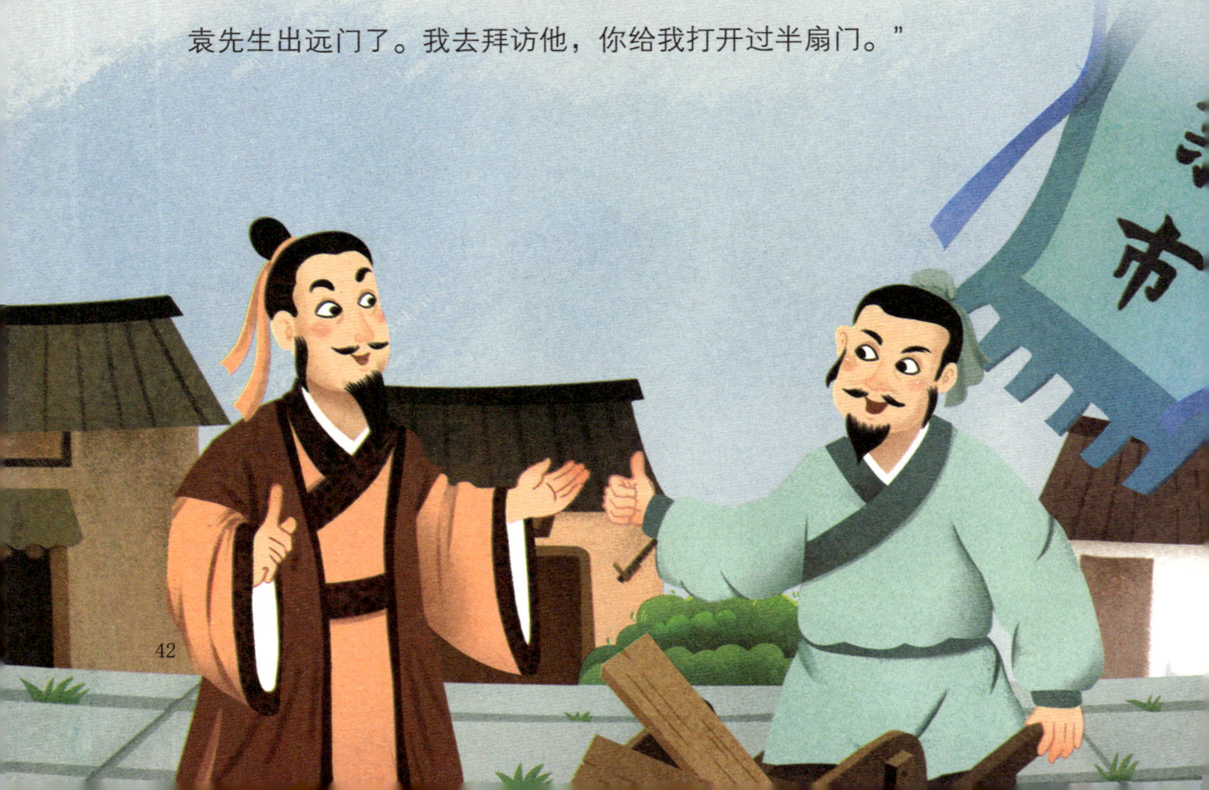

九

胎儿体表一层膜

bāo

基本汉字中的第 9 个字

甲骨文

篆书

隶书

楷书

楷书

包读作bāo。篆书的字形非常形象，外边的（bāo）像包裹婴儿的被子，也就是“包”的本字；里面的（sì）像一个还没有成形的胎儿的样子。本义是胎衣，也叫胞衣、胎盘，这个意义后来写作“胞”。

因为胎衣是包裹着胎儿的一层薄薄的膜，所以包也可以引申为裹，如包扎、包伤口。“纸包不住火”是一句俗语，用来比喻事实是掩盖不住的。“野有死麕（jūn），白茅包之”（《诗经·野有死麕》），“放舟龙阳县，洞庭包五河”〔宋·姜夔（kuí）《昔游诗》〕，“披却蓑衣翁自渔，青荷包饭柳穿鱼”（宋·郑梦周《渔父》），以上诗句中的“包”都当裹讲。

包裹好的东西或类似的实物、虚拟物有邮包、蒙古包、压缩包等。这一类东西的最大特点是鼓鼓囊囊的。面包是一种最常见的烤制的发酵食品，最能形象地表现出膨胀起来的特点。

胎衣的作用是用来包裹胎儿、避免胎儿受到伤害的，于是人们从“包”中引申出包容、包含、包括的意思。“天形包旧楚，水影动全吴”（宋·陶弼《句》），生动形象地描绘了当地的自然风光和优美景色，其中的“包”就是包括、包含的意思。

对装有东西的事物的量也可以用“包”来表示，如一包米、两包茶叶。承担工作或责任就像胎衣的作用一样，于是包就有了承包的意思，如包工、包产到户。包还可以表示约定专用，如包场、包车去旅游。

“包胥哭秦”是一个成语故事，说的是春秋时期的事情。

申包胥（xū）是春秋时期楚国的大夫，他和伍子胥是好朋友。当初，伍子胥的父亲和兄长都被楚平王杀害了，伍子胥逃到吴国，临行前对申包胥说：“我一定要灭亡楚国。”申包胥说：“你能灭亡楚国，我就能复兴楚国。”楚昭王十年（公元前506），伍子胥率领吴国的军队攻破了楚国的都城，把楚平王的坟墓掘开，用鞭子把楚平王的尸体抽打了三百下，报了杀父之仇。申包胥听到这件事后，不辞辛劳，长途跋涉，前往秦国求救，秦哀公却迟迟不发救兵。申包胥就倚在秦国的宫墙边，日夜痛哭，水米不进，一连哭了七天七夜。秦哀公被申包胥的行为所感动，随即发兵援救楚国。

“包胥哭秦”原指向别国请求救兵，后泛指哀求别人帮助。

十

吃好喝足肚子饱

bǎo

饱

基本汉字中的第 10 个字

飽 篆书

飽 隶书

饱 楷书

饱读作bǎo。饱是形声字，其中用“饣”表示意义，用“包”表示读音，本义是吃足，与“饥、饿”相对，如温饱、酒足饭饱。“吃饱了撑的”是一句俗语，形容人把精力用在不该用的地方。“但愿苍生俱饱暖，不辞辛苦出山林”（明·于谦《咏煤炭》），赞扬了煤炭为了让天下百姓吃饱穿暖，宁愿自己不辞辛苦的高贵品质。这里的“饱”就是吃饱的意思。

如果人或动物吃饱了，就会有满足、充足之感，如饱满、饱览、饱学之士、饱经沧桑。“万壑千岩已饱看，更寻佳处为开颜”（宋·楼钥《东阳遇雨》），意思是说，诗人已经饱览了万壑千岩的景色，准备探寻更能引人入胜的美景。

把○中的字补充完整。

饱满→满意→意○→思想→想法→
○制→制度→○过→过○→去世→
世界→界线→○索→索取→○得→
得○→到底→底层→层次

答案：思、法、度、去、线、取、到

“中饱私囊”这个成语故事，讲的是春秋后期的事情。当时晋国公族渐渐衰落，而大夫的势力却日渐强大。晋昭公时，执政大臣赵简子派税官去征收赋税。

临行前，税官问赵简子：“这次收税的税率轻重如何？”赵简子说：“不轻不重最好。税收重了，国家富了，但老百姓就穷了；税收轻了，老百姓富了，但国家就穷了。你们如果没有私心，这件事就可以做得很好。”在一旁的薄疑故意逗弄赵简子说：“依我看，您的国家实际上是中饱。”赵简子让他说来听听。

薄疑直截了当地说：“您的国家，上面国库是空的，下面百姓是穷的，而中间那些贪官污吏却很富有。”

后用“中饱私囊”指侵吞经手的钱财使自己得利。

十一

二人相背读作 bèi
南的反面念作 běi

běi

北

基本汉字中的第 11 个字

甲骨文　金文　篆书　隶书　楷书

北读作 bèi。甲骨文、金文和小篆像两个人背靠背站立的样子，引申为违背、背离。这个意义后来写作“背”，如背离、背叛。

如果人背离了前进的方向，就会导致失败；“北”用在战场上，可以指打败仗、败逃。打了败仗逃跑的时候，总是用脊背对着对方，后来把打了败仗叫作“败北”，这个意义上的“北”读作 běi，如三战三北。“吾起兵至今八岁矣，身七十余战，所当者破，所击者服，未尝败北”（汉·司马迁《史记·项羽本纪》），意思是说，项羽从起兵到现在已经作战八年了，亲身经历了七十多场战役，攻无不克，战无不胜，从来没有失败过。

在生活中，人们多面南背北，房屋多坐北朝南，这样做的目的是可以见到更多的阳光，所以北又可以引申为方位词北方，指这个意义时读作 běi，如北极、北斗星、大江南北、南来北往、南辕北辙。“千里黄云白日曛（xūn），北风吹雁雪纷纷”（唐·高适《别董大》其一），“青山横北郭，白水绕东城”（唐·李白《送友人》），“孤山寺北贾亭西，水面初平云脚低”（唐·白居易《钱塘湖春行》），“千磨万击还坚劲，任尔东西南北风”〔清·郑燮（xiè）《竹石》〕，以上诗句中的“北”都是方位词。

寒 菊

［宋］郑思肖

花开不并百花丛，独立疏篱趣未穷。

宁可枝头抱香死，何曾吹落北风中。

【译文】寒菊开花的时候，不和百花一起，而是独自绽放在疏落的篱笆旁，志趣无穷。菊花宁可在枝头带着芳香死去，也绝不会被北风吹落融入泥土中。

“剑外忽传收蓟北，初闻涕泪满衣裳”（唐·杜甫《闻官军收河南河北》），“蓟（jì）北”指的是唐代的幽州、蓟州，在今天河北东北部一带。“王师北定中原日，家祭无忘告乃翁”（宋·陆游《示儿》）说的是宋代爱国诗人陆游，临去世之前告诫孩子，即使他去世了，但是只要宋朝的军队收复了中原，祭奠的时候一定要告诉他这个好消息。由此可以看出陆游的爱国之心。这里的“北”当向北方的意思讲。

成语园

北

dà jiāng nán běi

大江南北

指靠近长江中下游两岸的广大地区。泛指全国。

nán lái běi wǎng

南来北往

从南面来的，到北边去的。形容来往的行人、车马众多。指来来往往。

nán qiāng běi diào

南腔北调

形容说话口音不纯正，夹杂各地的方言。也指各种地方戏曲腔调或各地方言。

nán yuán běi zhé

南辕北辙

车辕正冲南，而车辙却是向北的。本该往南走，可是车子却向北行。比喻采取的行动和所要达到的目的正好相反。

běi guō xiān sheng

北郭先生

指隐居到山林里不愿意出来做官的人。

tiān nán hǎi běi

天南海北

指相隔很远的不同地区。形容相距遥远。也形容谈话东拉西扯，不着边际。

nán zhēng běi zhàn

南征北战

征：征战。形容转战各地，久经沙场。

zǒu nán chuǎng běi

走南闯北

走：奔波，奔走。闯：闯荡。闯荡天下，谋求生路。也泛指去过很多地方，阅历丰富。

“北门锁钥”说的是春秋时期的事情。

鲁僖（xī）公三十二年（公元前 628），秦国大夫杞子派人给秦穆公传递消息，说自己已经取得了郑国人的信任，掌管着郑国都城北门的钥匙。如果秦国这个时候发兵攻打郑国，他愿意做内应，里应外合。秦穆公征求蹇（jiǎn）叔的意见。蹇叔认为让秦军长途奔波，偷袭远方的郑国，不仅士兵会疲惫不堪，而且远方的郑国也会有所防备，劝告秦穆公放弃这一想法。秦穆公不听，执意要派大将孟明视率军讨伐郑国。大军行至滑国（今河南滑县）时，正好遇上了郑国商人弦高。弦高表面上假装犒劳秦军，背地里却给郑国国君通风报信，让郑国早做准备，以便应对秦军。秦将孟明视只好撤军。当行军到殽（xiáo）山（在今河南三门峡市陕州区）一带时，被埋伏在那里的晋军打败。

十二

水生带壳的动物

bèi

贝

基本汉字中的第 12 个字

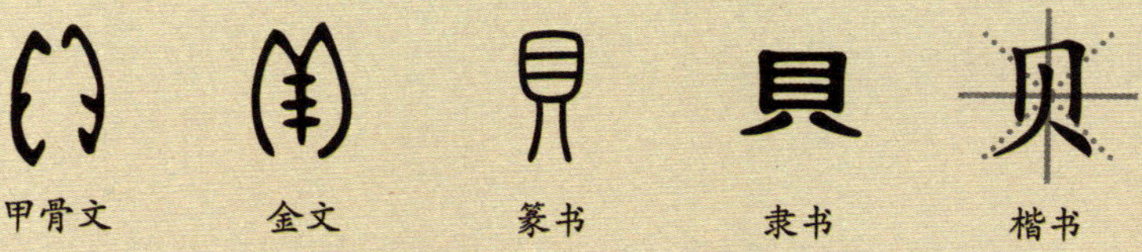

“贝壳”中的**贝**是一个象形字，读作 bèi，繁体写作貝。甲骨文、金文的字形像左右两扇美丽的贝壳张开的形状，本义指水生的、带壳的软体动物，如蛤、蚌、蚶、螺、牡蛎等，如海贝、贝壳。“明珠渡水覆舟失，赠我玑贝犹满把”（宋·欧阳修《送孙秀才》），这里的“明珠”指的是珍珠，“玑（jī）贝”是一种不圆的贝壳，古人把玑贝当作珍珠宝贝来看待，欧阳修在这里用它指代孙秀才的文章。“贝阙（quē）珠宫日月长，青鸾（luán）白凤恣（zì）翱翔”（宋·项安世《次韵张直阁水仙花二首》其一），这里的“贝阙”和珠宫的意思一样，指的是用紫贝装饰的宫阙，泛指华丽的宫殿。

贝又指先秦时期用贝壳做的或者形状像贝壳的货币。

汉字乐园 **与贝有关的汉字**

宾

宾客（）带着贝币（，钱财），来到我家（）做客。

具

双手（） 拿着贝币（）去购买物品。

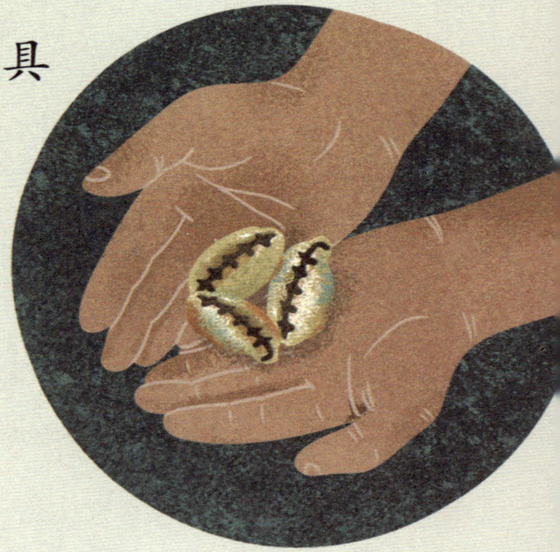

买

用贝币（）和网子（）购买货物。

贸

两个人（ ）面对面进行贝币（ ）交易。

贤

上部左边是眼（ ），上部右边是手（ ），下边是贝（ ），表示眼疾手快的人能够赚到更多的钱财。

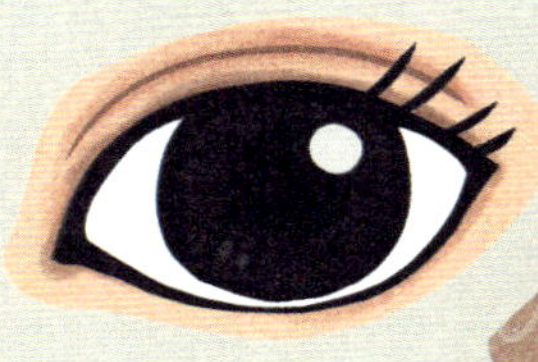

得

在道路（ ）上拾到（ ，用手表示）了贝币（ ，钱财）就是“得”。

狈

你会玩吗？

答案：贪图贝币（ ，财物）的犬（ ）。

在远古时期，贝壳是非常珍贵的，被我们的祖先当作一种装饰物，后来成为他们使用的货币之一，人们把这种货币称作贝币。

你知道贝币的计量单位是什么吗？就是我们常说的朋友的“朋”。朋的甲骨文、金文就像一根绳子上面穿着两串贝壳的形状。关于一朋到底有多少只贝，到现在都没有一个确切的说法。有人说十贝为一朋，也有人说二十贝为一朋。

十三

睡觉盖身能保暖

bèi

被

基本汉字中的第 13 个字

篆书　隶书　楷书

到了冬天，天气变冷，为了取暖，我们就得盖上轻而暖的羽绒被。

“羽绒被”中的被是一个形声字，读作 bèi。其中用“衣”（隶变后为“衤”）表示意义，用“皮”表示读音，本义指小被子，如棉被、被褥。“被窝里听广播——自得其乐”是一句歇后语，与自娱自乐的意思差不多。

被子是用来盖在身上的，所以可以从中引申出覆盖，如被覆，即覆盖。也可以专指覆盖在地面的草木等自然物。如果使用盖在身上这个意义，读作 pī，如被坚执锐、被发文身。这个意义后来写作“披”，如披挂上阵。

从身上盖着被子可以引申出遭受的意思，如“被水”指的是遭受水灾，“被难”指的是遭受灾难，忠而被谤。也可以用来表示被动，如被杀、被告、被批评。“聪明反被聪明误”是一句俗语，告诉人们不要耍小聪明，否则就会吃苦头。“世人若被明日累，春去秋来老将至”（明·钱鹤滩《明日歌》），劝诫人们要珍惜当下，发奋努力，不要辜负大好时光。

需要注意的是，古代的被指的是小被子，衾（qīn）指的是大被子，现在无论大被子、小被子都可以称作被子。

蜂

［唐］罗隐

不论平地与山尖，无限风光尽被占。
采得百花成蜜后，为谁辛苦为谁甜？

博士喵 赏古诗

【译文】无论是在平地还是在高山，凡是鲜花盛开的地方，都是蜜蜂的领地。蜜蜂啊，你采尽百花酿成了花蜜，到底在为谁付出辛苦，又想让谁品尝甘甜呢？

把○中的字填上，并说一说加拼音成语的意思。

德被四○→方寸之○→地下修文→

○武双○→全心全意（quán xīn quán yì ❶）→意在笔○→

先声夺○→人才辈出（rén cái bèi chū ❷）→○人头地（chū rén tóu dì ❸）→

地广人稀（dì guǎng rén xī ❹）→稀奇古怪→○力乱神→

○采飞○→扬长避短（yáng cháng bì duǎn ❺）

❶ 把所有的精神都投入到某项事业中。
❷ 形容人才一批一批地不断出现。
❸ 高人一等，超出一般人。
❹ 土地辽阔，人烟稀少。
❺ 发扬优点而避免不足。

答案：方、地、文、全、先、人、出、怪、神、扬

“被发左衽”也写作“披发左衽”，这个成语与管仲有关。

管仲是春秋时期齐国的政治家。齐桓公为了称霸诸侯，拜管仲为相后，管仲大刀阔斧，在政治、经济方面实行了一系列的改革，帮助齐桓公联合其他诸侯，向北边进攻山戎，向南方攻打楚国，“九合诸侯，一匡天下”，使得齐桓公成为春秋五霸之首。

大教育家孔子在《论语·宪问》中对管仲进行了高度的评价和赞赏，说：“微管仲，吾其被发左衽（rèn）矣。”意思是说，如果没有管仲，我们这些人都会披散着头发，左开衣襟，成为野蛮人。这里的“被”读作pī，意思和“披”相同。

十四

木下一横指树根

bĕn

基本汉字中的第 14 个字

甲骨文

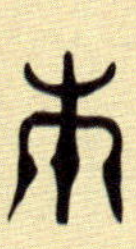
金文

篆书

隶书

楷书

“本末倒置”中的本是一个指事字，读作 běn。甲骨文 非常形象，下面的三个小圆圈是指事符号，表示这里是树木的根部，中间部分代表树木的主干，上面 是树木的枝杈。金文和小篆是在“木”字下加上一个圆点 或一短横线 ，表示树根。本的本义指树根，与“末（树梢）”字相对，如根本、无本之木、本末倒置。“昨所献疑，本末倒置之病”（宋·朱熹《朱文公文集》），意思是说，昨天的疑问是把根本的、重要的和不重要的事情的先后顺序颠倒了。

后来，从本义引申出草木的茎、干，如草本植物、木本植物。

因为植物的茎、干有支撑作用，所以本也可以用来比喻事物的主体，过去特指农业生产，如务本，指的是务农、重本轻末。“王者之治，崇本抑末，务农重谷”（《三国志·司马芝传》），意思是说：能够称王称霸的，都会重视根本，轻视末节。这里的根本指的是务农，末节指的是经商。

三字经

人之初，性本善，性相近，习相远。
苟不教，性乃迁，教之道，贵以专。
子不学，非所宜，幼不学，老何为？
玉不琢，不成器，人不学，不知义。

【译文】人生下来的时候，本性都是善良的。天性都很相近，但后天的环境不一样，习惯就会相差很远。如果不好好教育，善良的本性就会改变。教育要讲求方法，贵在专心致志。小孩子从小不学习，是不应该的。如果小时候不学习，老的时候能够做什么？玉石不雕琢是成不了器具的。人如果不学习，就不会懂得礼仪。

【启示】这段文字对我们有着深刻的启示：环境对人成才有着非常重要的意义，一定要选择好的环境，与优秀的人相处，向优秀的人学习；如果不学习，长大就会无所事事，一辈子碌碌无为。

博士喵
赏古诗

汉字画
好大一棵树

这是一片（ ）茂密的树林（ ），一棵树的本（ ）扎得很深，树的末（ ）长得很高（ ），树上（ ）开了几朵小花，结了几个果（ ）子，树下（ ）长了几棵小草（ ）。

“舍本逐末”说的是战国时期的故事。赵惠文王死后，由于孝成王年幼，就由赵威后主持朝政。赵威后重视民生，体恤（xù）百姓，在国内很有威信。有一次，齐王派使者问候赵威后。齐使把齐王的信呈给赵威后，信还没有打开，赵威后就问：“贵国今年收成还好吧？百姓安乐吗？齐王的身体不错吧？”使者听后不太高兴，说：“臣奉大王的旨意，专程向您问安，可您不先问候我们的大王，却先问年景和百姓，您怎么把低贱的摆在前头，而把尊贵的放在后头呢？”赵威后听后笑着说：“假如没有好年景，那百姓靠什么活下去呢？假如没有百姓，哪里又有大王呢？哪里有舍本问末的道理呀？”

后用“舍本逐末”指做事舍弃根本而注重细枝末节。

十五

两人紧挨在一起

bǐ

比

基本汉字中的第 15 个字

甲骨文　金文　篆书　隶书　楷书

“欲把西湖比西子，淡妆浓抹总相宜”是苏轼《饮湖上初晴后雨》中的名句，诗人把西湖比作西子，形象地描绘了西湖无论阴晴都美丽动人的景色。其中的比是一个会意字，读作 bǐ。甲骨文的 看起来像两个人挨在一起比赛的样子，上部是头，中间是身子，下部弯曲的地方是腿，右上部是向下伸展的手臂。隶书把“人”字误写为“匕”。比的本义是靠近、挨着的意思，如比肩而立、比比皆是。

送杜少府之任蜀州

［唐］王勃

城阙辅三秦，风烟望五津。与君离别意，同是宦游人。

海内存知己，天涯若比邻。无为在歧路，儿女共沾巾。

【译文】身处三秦大地辅卫着的长安城，透过风烟遥望您将前往的四川五津。和您的离情别绪在遥望中越发浓烈，只因为我们都是漂泊在外做官的人。四海之内只要有知心朋友，即使远在天涯也如同是近邻。不要在岔路口离别之时，儿女情长地让泪水沾湿衣巾。

博士喵
赏古诗

比也可以表示并列的意思，如上海的高楼大厦鳞次栉（zhì）比。“在天愿作比翼鸟，在地愿为连理枝”（唐·白居易《长恨歌》）中的“比翼鸟”说的就是雌雄并翅双飞的鸟，后常用来比喻恩爱的夫妻。

比有相比、较量的意思，如歌咏比赛、评比结果。也可用于比赛胜负的对比，如三比一。如果相比的结果不分高低，就是能够对等的意思，如今非昔比、无与伦比。对等的不同事物可以用来比喻、摹拟，如比方、比如。

词语园
比
比赛中双方用来比较成绩、决定胜负的得分。
bǐ fēn
比分
没有别的能够相比（多用于好的方面）。
wú bǐ
无比
用手或者拿着东西做出姿势来帮助说话或代替说话。
bǐ hua
比画
hǎo bǐ
好比
表示跟以下所说的一样。
bǐ fang
比方
比如。
píng bǐ
评比
通过比较，评定高低。
bǐ rú
比如
举例用语，放在所举的例子前面，表示下面就是例子。
duì bǐ
对比
两种事物相对比较。
bǐ jiào
比较
就两种或两种以上同类的事物辨别异同或高下。表示具有一定程度。
xiāng bǐ
相比
互相比较。
bǐ zuò
比作
相比，比拟。
bǐ lì
比例
表示两个比相等的式子。
bǐ sài
比赛
在体育、生产等活动中，比较本领、技术的高低。也指这种活动。

博士喵一起练

把○中的字填上，并说一说加拼音成语的意思。

比翼齐○→飞沙走石(fēi shā zǒu shí)❶→○破天○→惊天动地(jīng tiān dòng dì)❷→○动山摇→摇头摆尾(yáo tóu bǎi wěi)❸→○大不掉→掉以轻心(diào yǐ qīng xīn)❹→○想事○→成千上万(chéng qiān shàng wàn)❺→○水千山(wàn shuǐ qiān shān)❻→○清水秀(shān qīng shuǐ xiù)❼→秀色可餐(xiù sè kě cān)❽

❶ 沙子飞扬，小石块滚动。形容风力迅猛。
❷ 声音特别响亮。形容声势浩大。
❸ 摇动着头，摆动着身体。形容悠然自得的样子。
❹ 指对某事物采取轻率、不重视的态度。
❺ 形容数量非常大。
❻ 形容路途遥远艰辛。
❼ 形容山水明净秀丽，风景优美。
❽ 形容女子容貌秀美可爱。也指山水风景秀丽。

答案：飞、石、惊、地、尾、心、成、万、山

比个高

大哥个高，二哥个高，
大哥二哥比个高，
二哥说二哥个比大哥高，
大哥说大哥个比二哥高。
不知到底是大哥比二哥个高，
还是二哥比大哥个高。

训练目的：韵母 e，ao

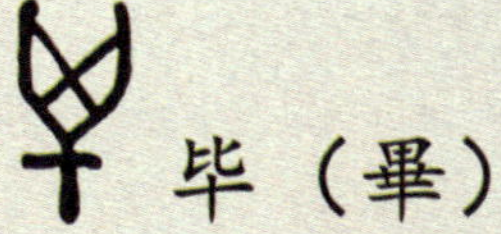

毕（畢）

甲骨文像一张带有长柄（ ）的网（ ），用于捕捉鸟兽。金文的 更加形象化，用田（ ）表示田猎之意。本义是打猎用的带有长柄的网。

昆

金文由日（ ，表示太阳）和比（ ，像两个人并肩而行的样子）组成，意思是两个人在太阳下并肩行走。本义是共同。

皆

金文由比（ ）和曰（ ）组成，意思是两个人“合一口”，也就是二人说同样的话。本义是全、都。

汉字乐园 与比有关的汉字

庇

简帛文像两个人（ ）站在山崖下面（ ）的样子。本义是遮蔽。

妣

小篆是一个形声字，女（ ）表形，比（ ）表声，本义是母亲，后来指去世的母亲。

秕

你会玩吗？

答案：秕 ，小篆是一个形声字，用禾（ ）表形，说明秕与植物有关，用比表声。本义是不饱满的谷粒。

春天来了，湖（）面上的画（）舫、游船（）和小舟（）多起来了。有的人（）独自游玩，有的人比（）肩而立（），有的人步行（），有的人坐车（）。有的人戴帽（），有的人撑伞（）。

立
车
伞
比
行
帽
汉字画
游西湖

十六

远山底部的外圈

biān

基本汉字中的第 16 个字

金文 1　金文 2　篆书　隶书　楷书

“单车欲问边，属国过居延”是王维《使至塞上》中的名句，其中的**边**是一个形声字，读作biān，繁体写作邊。金文、小篆中用“辵（chuò）”来表示意义，后来隶变为“辶”，用“臱（biān）”表示读音，本义指远处的山边，这个意义现在已经不再使用了。引申为物体的外沿部分，如路边、无边无际。“独怜幽草涧边生，上有黄鹂深树鸣”（唐·韦应物《滁州西涧》），“朱雀桥边野草花，乌衣巷口夕阳斜”（唐·刘禹锡《乌衣巷》），以上诗句中的“边”都是物体的外沿部分。

由物体的外沿部分可以引申为国土的边缘，即边疆、边防，如边境、边陲、边关、边塞。“边地莺花少，年来未觉新”〔唐·孙逖（tì）《观永乐公主入蕃》〕，描写了边地荒凉、百草不生的恶劣的自然环境。“君行虽不远，守边赴河阳”（唐·杜甫《新婚别》）说的是新婚的丈夫告别妻子要到边关河阳去守边的事情。

边经常用作方位词的后缀，读作bian，如上（下）边、左（右）边。“东边日出西边雨，道是无晴却有晴”（唐·刘禹锡《竹枝词》其一），采用谐音的方法，一语双关，以“晴”暗喻“情”，不仅展现了眼前的景物，而且暗示了男女主人公丰富的内心世界。

望天门山

［唐］李白

天门中断楚江开，碧水东流至此回。

两岸青山相对出，孤帆一片日边来。

【译文】天门山被长江从中断开，碧绿的江水东流到这儿又往回转。两岸的青山相对耸立，水天相接的地方，一只小船从红日中缓缓驶来。

【鉴赏】诗人初次见到天门山，就被美丽的天门山的景色所折服，有感而发作了这首诗。读这首诗，在优美的景色中，能够感受到诗人对祖国山河的无比热爱。

第一句状写天门山雄伟的气势。本是两山对峙，诗人却说楚江的激流把天门山从中断开，让读者的心灵受到强烈的震撼。第二句描写江水奔腾，而这里河道狭窄，水流到这里又形成回旋。这两句诗一句写水势冲破了山峰，一句写山势制约了水流，山与水融为一体。第三句写诗人乘船向前行驶，却不写船动，而是将船当作静止的，让两岸的山峰像画卷一样不断进入诗人的视野。第四句又把读者的视线引向远方，在水天相接的地方，一轮红日浮出水面，一片孤帆从天边缓缓驶来。

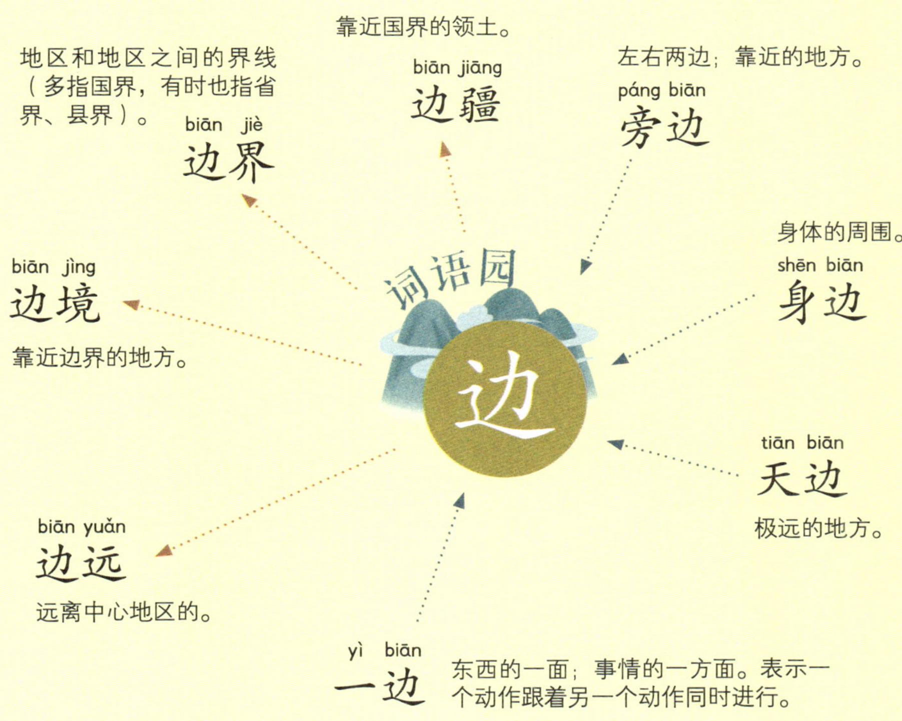

半边莲

半边莲长半边田，半边田长半边莲。
半边田里镰割莲，镰割半边连半边。
半边田，半边莲，镰割莲，莲连莲。
莲田割莲田长莲，田长莲田割不完。

训练目的：声母 b；韵母 an

“边幅”这个词语与马援有关。公元 25 年，刘秀建立了东汉。公孙述在蜀地自立为帝。上将军隗嚣（kuí xiāo）占据了甘肃一带。隗嚣让公孙述的老乡马援到四川一带打探公孙述的动向。马援来到四川，公孙述却摆起土皇上的架子，威严地坐在大殿上，傲慢地想拜马援为大将军，被马援委婉地拒绝了。回到住地，马援的随从不解地问马援为什么不答应公孙述的任命，马援意味深长地说：“现在天下大局未定，不知鹿死谁手，公孙述这个人度量小，妄自尊大，修饰边幅，大摆土皇帝的架子。不能在这样的人手下做事。”

后用“边幅”比喻人的仪表、衣着。

十七

用刀切割两分离

bié

别

基本汉字中的第 17 个字

𠛬 别 别

篆书　隶书　楷书

别读作 bié。小篆由“（冎 guǎ）”和“（刀）”两部分组成，表示用刀剔除骨头，隶书和楷书改变了字形。本义是分解、分割。这个意义保留在“分家别产（分割家产）”一词中，现在一般不再使用它的本义。

后来把事物的分解比喻为人的离别、分别，如送别、告别、生离死别。“感时花溅泪，恨别鸟惊心”（唐·杜甫《春望》），说的是诗人杜甫面对残破的国土，不由得潸（shān）然泪下，悲伤不已。

赋得古原草送别

［唐］白居易

离离原上草，一岁一枯荣。野火烧不尽，春风吹又生。

远芳侵古道，晴翠接荒城。又送王孙去，萋萋满别情。

博士喵 赏古诗

【译文】原野上的青草茂盛而葱茏（lóng），每年枯萎之后第二年又会发芽新生。野火烧也烧不尽它们，春风吹过，它们又会茁壮成长起来。远处的芳草长满悠悠的古道，阳光照耀下的广阔绿野一直蔓延到荒芜的城中。今天又要为朋友送别，葱茏的青草也满含留恋的深情。

事物分解以后就成为独立的一部分，所以别可以引申为区分，如区别、辨别。事物被区分以后就有了不同的类别，如性别分男性女性、级别分上级下级。从中再引申出另、另外的意思，如别号、别墅、另当别论。“接天莲叶无穷碧，映日荷花别样红”（宋·杨万里《晓出净慈寺送林子方》）中的“别”当另外讲。

别有三个假借义：第一个是把东西固定在某物上面，如警察叔叔腰里别着手枪、小童头发上别着卡子、把校徽别在衣服上。第二个是扭、转的意思，如别过脸。第三个表示禁止，如别哭、别闹。

词语园

别

chā bié 差别 形式或内容上的不同。

bié chù 别处 另外的地方。

bié rén 别人 指自己或某人以外的人。

dào bié 道别 离别；告别。

yǒng bié 永别 永远分别。

fēn bié 分别 离别。

xìng bié 性别 男女两性的区别。

gào bié 告别 分手。

shí bié 识别 能鉴别事物的好坏。

gè bié 个别 单个。

sòng bié 送别 为将要离别的人送行。

lèi bié 类别 不同的种类。

tè bié 特别 与众不同；不普通。

qū bié 区别 把两个以上的对象加以比较，认识它们不同的地方。

lí bié 离别 比较长久地跟熟悉的人或地方分开。

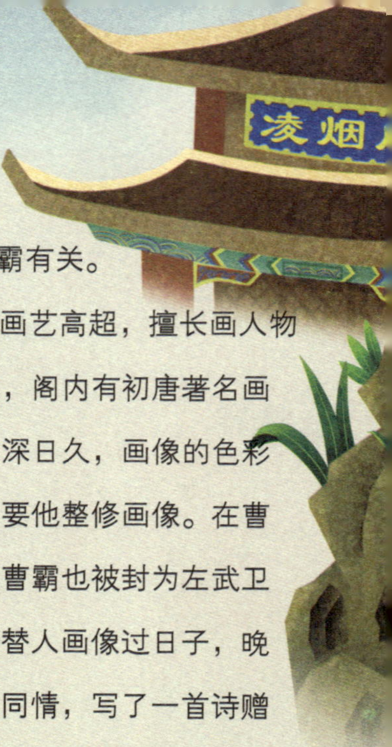

“别开生面”这个成语与曹霸有关。

曹霸是唐朝著名的画家，他画艺高超，擅长画人物和马匹，深得玄宗的喜爱。长安城中有一座凌烟阁，阁内有初唐著名画家阎立本所绘的二十四位开国功臣的画像。由于年深日久，画像的色彩已经剥落，失去了原有的光彩。唐玄宗召来曹霸，要他整修画像。在曹霸的丹青妙手绘制下，二十四位功臣像重放光华，曹霸也被封为左武卫将军。后来安史之乱，曹霸流落到成都，靠在街头替人画像过日子，晚年非常凄凉。杜甫来到成都后，对曹霸的遭遇非常同情，写了一首诗赠给他：“……凌烟功臣少颜色，将军下笔开生面。”意思是凌烟阁中的功臣画像已经失去了往日鲜艳夺目的色泽，亏得你左武卫将军下笔才使它们重放光彩。杜甫在这首诗中，用“别开生面”这个成语称赞曹霸画艺高超，使失去光彩的画像重放光彩。

十八

本像花托读作 fū
借表否定改读 bù

基本汉字中的第 18 个字

“不入虎穴，焉得虎子”中的不是一个象形字，读作 bù。甲骨文、金文和小篆的字形上面像一个花骨朵的样子，下面像一棵树的树干和树叶，本义指花萼、花托。这个意义读作 fū，后来写作“柎”。山东省济南市有一座华不注（即花柎注）山，非常形象地说明了这座山就像花托一样倒映在湖中。这个意义现在已经不再使用了。

不常常被假借为否定副词，如不是、不客气、行不行（行不）。“不吃苦中苦，难为人上人”是一句俗语，告诫人们要想有收获，就得付出艰辛的劳动。“少壮不努力，老大徒伤悲”（汉乐府《长歌行》），“羌笛何须怨杨柳，春风不度玉门关”（唐·王之涣《凉州词》），以上诗句中的“不”都表示否定。“不知细叶谁裁出，二月春风似剪刀”（唐·贺知章《咏柳》）表面上看是表示否定的，实际上，诗人在这里赞美了和煦的春风，是它把美丽的春天带到了人间。“最爱湖东行不足，绿杨阴里白沙堤”（唐·白居易《钱塘湖春行》），其中的“不足”就是不够的意思，由此说明了白居易对西湖的喜爱之情。

赠汪伦

［唐］李白

李白乘舟将欲行，忽闻岸上踏歌声。
桃花潭水深千尺，不及汪伦送我情。

【译文】李白乘着小船即将离开，忽然听到岸上和着节拍的歌声。桃花潭的水深达数千尺，也不及汪伦送别我的情谊啊。

把○中的字填上，并说一说加拼音词的意思。

无○→不平（bù píng ❶）→○时→时○（shí jiān ❷）→间隔→

隔壁（gé bì ❸）→壁○→画家（huà jiā ❹）→○庭→庭院→

○落（yuàn luò ❺）→落○→后代（hòu dài ❻）→代○（dài biǎo ❼）→表现→

现实（xiàn shí ❽）→○在→在于→于是（yú shì ❾）→○非→

非常（fēi cháng ❿）→常识

❶ 不公平。
❷ 有起止的一段时间，也指时间里的某一点。
❸ 相连的屋子或人家。
❹ 擅长绘画的人。
❺ 庭院。
❻ 指子孙。
❼ 选举出来替选举人办事或表达意见的人。
❽ 客观存在的事。
❾ 连词，表示后一事紧接着前一事。
❿ 副词，表示程度极高。

答案：不、平、间、画、家、院、后、表、实、是

成语园

不

ài bú shì shǒu
爱不释手
非常喜欢，不忍心放手。

bù huāng bù máng
不慌不忙
不慌张，不忙乱。形容态度从容镇定。。

bù wén bú wèn
不闻不问
不打听也不过问。形容漠不关心。

bù xiāng shàng xià
不相上下
分不出高低。形容水平相当。

mǎn bú zài hu
满不在乎
形容对事情很不重视。

bú yàn qí fán
不厌其烦
不嫌麻烦。

bú yì ér fēi
不翼而飞
没长翅膀却飞走了。

bù yóu zì zhǔ
不由自主
由不得自己做主。形容不能控制自己。

cùn cǎo bù shēng
寸草不生
连一点小草也不长。形容土地贫瘠，荒凉。

bù zhī bù jué
不知不觉
没有感觉，没有意识到。

bù yuē ér tóng
不约而同
事先没有商量而彼此的言论或行动完全一致。

dǎ bào bù píng
打抱不平
主动站出来为受欺侮或被冤屈的人说话或出力，助弱打强。

“不耻下问”说的是春秋时期卫国大夫孔圉（yǔ）的故事。

孔圉从小就虚心好学，为人正直。孔圉死后，赐给他的谥（shì）号为“文”，所以人们又称他孔文子。“文”是文采焕然、知识渊博的意思。孔子的学生子贡对此很不服气，就前去问孔子：“孔文子凭什么被称为‘文’呢？”孔子耐心地回答道：“孔圉聪敏勤学，不以向职位比自己低、学问比自己差的人请教为耻辱，所以可以用‘文’字作为他的谥号。”后用“不耻下问”形容虚心求教。

有时候不只起加强语气的作用，并没有实在意义，如新冠病毒好不吓人。

在汉语中，以“不”开头的成语非常多，如不知好歹、不劳而获、不可告人、不三不四、不伦不类等等，这些成语都含有贬义，包含否定的意味。

十九

草木初生的样子

cái

基本汉字中的第 19 个字

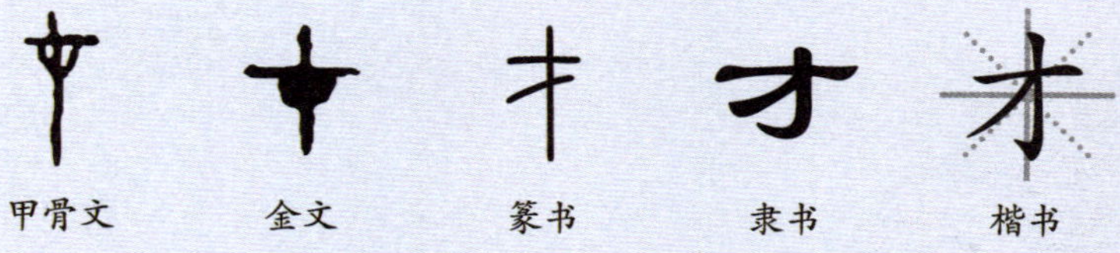

“才下眉头，却上心头”中的**才**是一个象形字，读作 cái。才字的甲骨文、金文上面的一横表示土地，下面像草木的茎或干已经破土而出而枝叶还顶着地面、等着顶出土的样子。本义指草木初生。这个意义现在已经不再使用了。一般用来比喻显露出来的能力、本领，如才能、才智、多才多艺、德才兼备。

才也可以代指有才能的人，如人才、贤才。“洛阳访才子，江岭作流人”（唐·孟浩然《洛中访袁拾遗不遇》），这里的“才子”指德才兼备之人。“江东子弟多才俊，卷土重来未可知”（唐·杜牧《题乌江亭》），这里的“才俊”指的是才能出众之人。“我劝天公重抖擞，不拘一格降人才”（清·龚自珍《己亥杂诗》），这里的“人才”指的是有才能的人。

从草木初生的样子虚化作副词，表示时间短，相当于刚刚，如你怎么才来就要走啊？“才出壳（儿）的小鸡——嫩得很”是一句歇后语，这里的“才”就当刚刚讲。

小池

［宋］杨万里

泉眼无声惜细流，树荫照水爱晴柔。
小荷才露尖尖角，早有蜻蜓立上头。

【作者】杨万里，号诚斋，南宋著名诗人，与尤袤（mào）、范成大、陆游号称“中兴四大诗人”。他的诗歌开始模仿江西诗派，后学习王安石等人，最后独立门户，自成一家，时称“诚斋体”。

【译文】泉眼里的水悄无声息地流淌着，好像泉眼爱惜每一滴水而不愿意让它流走。树荫倒映在水面上，似乎也喜爱这晴天柔和的阳光。娇嫩的小荷刚刚从水面露出尖尖的角，早有一只调皮的蜻蜓停立在它的上头。

【鉴赏】诗人一开头，就给读者描绘了一幅小巧精致、寂静柔和的池塘画面。前两句写泉水的源头，水流很小，细细无声地流淌着。这本来很平常，但是诗人用一个“惜”字写出了泉眼好像舍不得让水流走似的，十分生动有趣。池塘旁边的树荫倒映在水中，似乎也非常喜欢这晴天里柔和的风光。一个“爱”字，让树木、树荫也具有了人的情感，由此可见诗人的想象是多么的丰富，笔调是多么的浪漫。后两句写小池里新长出的荷叶卷曲着，在阳光照耀下刚刚露出小小的、青青的嫩尖，生机勃勃。有一只蜻蜓便被这美丽的景色吸引住了，它早已经立在了小荷的上面。这两句诗，层层深入，形象地描绘出蜻蜓与荷叶互相喜爱的景象，充满了情趣，十分惹人喜爱。

博士喵赏古诗

把○中的字填上，并说一说加拼音成语的意思。

1. 一分一秒的时间也一定要争取。形容充分利用时间。
2. 争着向前，唯恐落在别人后面。形容做事积极。
3. 晚来之人却处在前面的位置上。
4. 大海辽阔，天空空旷。指大自然开阔宽广，无边无垠。
5. 指风雨对事物的摧残或侵蚀。也比喻受强大事物的打击。
6. 主动站出来为受欺侮或被冤屈的人说话或出力，助弱打强。

答案：全、出、死、地、长、入、分、上、手、穴

“才高八斗”说的是谢灵运的故事。

谢灵运是我国南朝时期著名的文学家，他是中国山水诗的开山鼻祖，写的山水诗最为有名，其中“池塘生春草，园柳变鸣禽”一联，让唐代诗仙李白佩服得五体投地。

谢灵运出身名门望族，从小就博览群书，才华横溢。但是他却非常自负，曾经骄傲地说：“如果天下的才华总共有一石的话，那么曹植一个人占有八斗，我自己占有一斗，剩下的一斗为其他人所共有。”从中可以看出谢灵运对曹植是多么推崇。

后用“才高八斗”指拥有很高的才华。